AF463199

CATALOGUE

DE LA COLLECTION

DES TABLEAUX

DESSINS, AQUARELLES ET ÉTUDES

PEINTS PAR

M. J. D. A. INGRES

ET DÉSIGNÉS PAR LUI POUR ÊTRE MIS EN VENTE PUBLIQUE.

LA VENTE AURA LIEU

HOTEL DROUOT, SALLE N° 8

Les Lundi 6 et Mardi 7 Mai 1867

A DEUX HEURES

Par le ministère de Me **CHARLES PILLET**, Commissaire-Priseur,
11, rue de Choiseul,

Assisté de M. **HARO**, Expert, 14, rue Visconti, et 20, rue Bonaparte.

Chez lesquels se trouve le présent Catalogue.

EXPOSITIONS { *PARTICULIÈRE :* le 4 mai 1867.
PUBLIQUE : le 5 mai 1867.

DE UNE HEURE A CINQ HEURES

Toute cette Collection figure en ce moment à l'Exposition des Œuvres de M. Ingres.

NOTA. — Les amateurs acquéreurs auront la faculté et sont même priés de vouloir bien prêter leurs tableaux ou dessins à l'Exposition qui a lieu en ce moment à l'Ecole des Beaux-Arts.

CONDITIONS DE LA VENTE

Elle sera faite au comptant.

Les acquéreurs payeront *cinq pour cent* en sus des adjudications.

Ce Catalogue se trouve :

A Paris, Chez MM.	Charles PILLET, Commissaire-Priseur, 11, rue de Choiseul.
—	HARO, expert, 20, rue Bonaparte, et 14, rue Visconti.
A Londres,	COLNAGHI, Pall-Mall-East, 14.
—	JOHN WEBB, 22, Cork-Street, Burlington-Garden.
—	H. DURLACHER, 113, New-Bond street.
—	ANNOOT, 16, Old-Bond street.
—	F. DAVIS, 101, New-Bond street.
—	GAMBART, 120, Pall-Mall.
A Bruxelles,	ETIENNE LEROY, 12, place du Grand-Sablon.
—	HÉRIS.
A Berlin,	FIOCATI, Unter den Linden, 21.
—	LEPKE, Unter den Linden, 12.
A Vienne,	ARTARIA et Ce.
—	Maison GOUPIL, représentant M. KAESER.
A Francfort-s.-Mein,	LŒWENSTEIN frères, Zeil.
—	GOLDSMIDT, Zeil, hôtel de Russie.
—	BAER (ANTOINE), place Schiller.
A Saint-Pétersbourg,	NEGRI père et fils.
A La Haye,	VAN GOGH, marchand d'estampes.
A Rotterdam,	LAMME, conservateur du Musée.
A Rome,	MENCHETTI, via Babuino.

Paris. Imp. PILLET FILS AINÉ, rue des Grands-Augustins, 5.

Quand la mort vient mettre sur un grand maître sa consécration suprême, on se dispute avec une avidité pieuse les moindres ébauches de son pinceau, les traits les plus légers de son crayon, tombés d'une main immobilisée à jamais. L'œuvre est close, la postérité commence. Pour M. Ingres, quoiqu'il ait travaillé jusqu'au dernier jour, il semble entré depuis longtemps dans la sphère sereine et lumineuse où trônent les dieux de l'art. Sa vie prolongée au-delà des bornes ordinaires lui a permis d'assister vivant à sa gloire, on pourrait même dire sans exagération à son apothéose. Mais cette renommée sans rivale ne l'enivrait pas. Dans son ardent amour de la perfection, il ne croyait jamais avoir assez fait, il étudiait sans cesse, était sévère pour lui-même et prenait un soin extrême de ne rien laisser arriver au public qui ne fût digne de lui. Sans que rien l'avertît d'une fin qu'on pouvait croire lointaine encore, tant il portait robustement sa verte vieillesse, il avait classé, daté et signé de son nom tout entier, parmi les études dessinées ou peintes, préparations et tâtonnements souvent sublimes de ses œuvres immortelles, celles qui par leur jet, leur puissance et leur beauté lui paraissaient mériter de survivre. Quatre-vingt-dix morceaux de choix ont été ainsi désignés par lui et comme marqués de son sceau pour une vente qu'il ne croyait pas devoir être posthume. Il lui eût déplu que ces griffonnages vagues ou insignifiants dans lesquels l'artiste cherche à débrouiller sa pensée obscure sortissent de l'ombre de l'atelier où ils doivent rester, car il poussait jusqu'au scrupule le respect de sa gloire; mais d'un autre côté il désirait faire voir avec quel soin, quelle conscience et quel amour il avait poursuivi le beau, et comme chez lui chaque grande œuvre avait été précédée d'une patiente et féconde incubation.

Dans cette vente on peut dire que les œuvres les plus célèbres du maître se trouvent tout entières : le Vœu de Louis XIII, l'Apothéose d'Homère, le Saint Symphorien, y figurent par fragments qui, s'ils étaient réunis, formeraient des tableaux non moins admirables que les compositions définitives. En voyant ces têtes, ces bras, ces mains, ces pieds, ces torses, ces bouts de draperies épars sur des toiles, nous ne pouvons nous empêcher de penser à une impression reçue par nous à Athènes, dans cette pinacothèque qui s'élève à la gauche des Propylées et où se conservaient autrefois les chefs-d'œuvre d'Euphranor, d'Apelles, de Parrhasius et de Xeuxis. On y avait réuni les morceaux de statues brisées trouvés dans les fouilles, débris merveilleux de l'art grec, un bras, un pied, une tête sans son corps, un fragment de corps décapité, moins que cela, un sein se dégageant de quelques plis, une hanche, une portion de dos, et, rêveur, nous cherchions à deviner quel dieu ou quelle déesse aurait pu réclamer ces membres dispersés, ces formes superbes séparées de leur ensemble. Mais si la sensation de beauté n'est pas moindre devant les magnifiques morceaux de M. Ingres, elle n'est pas troublée par le regret d'ignorer à quelles divines statues appartiennent ces splendides fragments. Sur le plus léger bout d'étude on restitue aisément le chef-d'œuvre connu et présent à toutes les mémoires. Ces jambes d'ange, quoique dans le tableau elles soient à demi recouvertes par une draperie volante, rappellent tout de suite le Vœu de Louis XIII; l'on y replace sans peine ces petits anges d'un dessin si pur, d'une couleur si splendide. Ces pieds appuyés sur un escabeau, c'est tout l'Homère de l'Apothéose, et ces deux autres pieds si beaux, si nobles, si héroïques, qui sortent blancs d'un pli de draperie pourpre, font apparaître complète à la pensée la sublime figure de l'Iliade, cette fille divine de l'illustre aveugle. Ce dos de licteur tout montueux de muscles, cette tête pâle illuminée de foi, ce bras de femme jaillissant hors des créneaux, vous donnent tout l'effet du Saint Symphorien.

On reste stupéfait devant ces études qui sont des

chefs-d'œuvre empreints de la perfection suprême. On est étonné de cette netteté, de cette puissance, de cette certitude et de cette aisance souveraines. En face de la nature, le maître n'hésite jamais. Chaque trait marque, tout coup porte, et s'il reprend vingt fois la même figure, dans son incessante aspiration à l'idéal, variant le geste, l'effet, l'attitude, le caractère, chaque étude en soi est parfaite et l'on se demande quel défaut pouvait y trouver le maître pour chercher encore.

Les études dessinées ne sont pas moins admirables que les études peintes. L'artiste armé du crayon écrit sa pensée avec une décision et un style qu'on pourra peut-être atteindre, mais non certes dépasser. On croit voir tantôt des dessins de Michel-Ange, tantôt des dessins de Raphaël, car Ingres avait la force et la grâce. S'il indique avec une rare énergie les muscles de l'homme, nul ne caresse plus chastement les suaves contours de la femme. Il est le dernier moderne qui ait eu le pur sentiment de la beauté; il sait faire une vierge, une déesse et une grande dame.

Ces morceaux qui se groupent par familles autour d'une page immortelle, le peintre ne s'en est jamais séparé; ils ont été les compagnons de sa longue vie, ils l'ont suivi à Rome, à Florence, ils ont habité avec lui à Paris. En les regardant, Ingres voyait lui apparaître toute sa noble vie de travail, d'inspiration et de volonté; il ne se sentait pas abandonné par les figures aimées, réalisation de son idéal. Dans son atelier vivaient toujours la Vierge fière du Vœu de Louis XIII, l'Homère de l'Apothéose ayant à ses pieds l'Iliade et l'Odyssée, sa fille guerrière et sa fille voyageuse, et toute cette noble foule qui lui rend hommage, Eschyle, Sophocle, Euripide, Phidias, Apelles, Alexandre, Pindare, Périclès, Virgile, Dante, Raphaël, Michel-Ange, Racine, Poussin, la Fontaine, les illustres des grands siècles. Il les a gardés avec un soin jaloux jusqu'à sa dernière heure. En les livrant au public il fait en quelque sorte la confession et le testament de son génie; il dévoile sa pensée intime, il montre le secret de son talent, et fait voir par quels degrés il s'est élevé aux sommets de l'art. Le maître qui a formé tant de glorieux élèves et dirigé d'une main si ferme l'École de France à Rome, donne là son plus bel et son plus profitable enseignement.

Parmi ces études on remarque un tableau achevé, une Angélique, première pensée de la célèbre Angélique du Luxembourg, étude peinte d'après nature, d'une beauté merveilleuse; sa Vénus couchée de la Tribune — Titien copié par Ingres! — et un dessin d'après un portrait d'Holbein représentant Marie Tudor. C'est ce dessin qui provoqua chez l'artiste cette humble et fière repartie. On le voyait passer de grand matin, son portefeuille sous le bras, se rendant à l'endroit où se trouvait le tableau, et on lui demanda pourquoi il se donnait cette peine; il répondit: « Pour apprendre. » Il parlait ainsi à quatre-vingt-cinq ans, lui que tous reconnaissent pour maître; mais, comme dit Joubert, « adressez-vous aux jeunes gens, ils savent tout. »

Théophile Gautier.

TABLEAUX

1 — **Angélique attachée au rocher.**

Première pensée du maitre.

Signée, à droite, sur le rocher. *J. Ingres*, 1859.

Cette date indique l'année où ce tableau fut terminé plutôt que l'année où il fut peint en réalité ; cette étude, peinte d'après nature, fut exécutée avant celle possédée par le Musée du Luxembourg, qui fut exposée au salon de 1819.

Toile ovale. Haut. 99 cent.; larg. 75 cent.

2 — **Vénus couchée.**

Copie faite à Florence, d'après le tableau du Titien, exposé dans la *Tribune*, au musée des *Offices* ; elle est sur toile.

Toile signée : *Ingres, d'après le Titien. Florence,* 1822.

Haut. 115 cent. ; larg. 167 cent.

ÉTUDES PEINTES

3 — **Études pour les Anges** qui environnent la Vierge dans le tableau du *Vœu de Louis XIII.*

Splendide étude peinte.

Signée *Ingres.*

Toile. Haut. 60 cent.; larg. 74 cent.

4 — **Étude de jambes,** pour un des anges qui environnent la Vierge, dans le *Vœu de Louis XIII.*

Signée *Ingrés.*

Toile mise sur panneau. Haut. 34 cent.; larg. 19 cent.

5 — **Cinq têtes d'étude** pour le *Jésus au milieu des docteurs.*

Signées *Ingres.*

Toile mise sur panneau. Haut. 35 cent.; larg. 41 cent.

6 — **Jeune Femme tenant son enfant dans ses bras.** *Martyre de saint Symphorien.*

Signée *Ingres.*

Toile mise sur panneau. Haut. 22 cent.; larg. 19 cent.

7 — **Une toile** sur laquelle se voient **différentes études** pour le *Martyre de saint Symphorien;* le martyr, sa mère, le proconsul, et plusieurs études de têtes, de bras et de mains.

Pièce capitale.

Signée *Ingres.*

Haut. 62 cent.; larg. 50 cent.

8 — **Une toile** sur laquelle se voient **différentes études** pour le *Martyr de saint Symphorien;* le licteur de droite, l'enfant qui ramasse une pierre, le proconsul et plusieurs études de figures, de bras et de mains.

Signée *Ingres.*

Toile mise sur panneau. Haut. 62 cent.; larg. 50 cent.

9 — **Étude nue pour la figure du licteur** qui se voit à droite dans le tableau du *Martyre de saint Symphorien.*

Signée *Ingres.*

Toile. Haut. 50 cent.; larg. 27 cent.

10 — **Deux études** pour le pied gauche de Jésus-Christ dans le tableau de *J.-C. remettant les clefs à saint Pierre.*

Signées *Ingres.*

Toile mise sur panneau. Haut. 20 cent.; larg. 25 cent.

11 — **Jupiter.**

Cette tête, exécutée par M. Ingres pour le tableau possédé aujourd'hui par le Musée d'Aix, *Jupiter et Thétis*, n'a pas été utilisée.

Signé *Ingres.*

Toile. Haut. 48 cent.; larg. 40 cent.

12 — **Étude de pieds pour la figure d'Homère.** *Apothéose d'Homère.*

Signée *Ingres.*

Toile. Haut. 21 cent.; larg. 17 cent.

13 — **Étude de pieds pour la figure de l'Iliade.** *Apothéose d'Homère.*

Signée *Ingres.*

Toile mise sur panneau. Haut. 20 cent.; larg. 23 cent.

14 — **Femme romaine :** Étude d'après nature pour la figure de l'Iliade. *Apothéose d'Homère.*

Signée *Ingres.*

Toile. Haut. 35 cent.; larg. 22 cent.

15 — **Femme romaine.** Pendant du précédent. Étude d'après nature pour la figure de l'Iliade. *Apothéose d'Homère.*

Signée *Ingres.*

Toile. Haut. 35 cent.; larg. 22 cent.

16 — **Figure en buste.** Étude pour l'Iliade. *Apothéose d'Homère.*

Signée *Ingres.*

Toile mise sur panneau. Haut. 24 cent.; larg. 19 cent.

17 — **Études de bras et de mains pour la Gloire.** *Apothéose d'Homère.*

Signées *Ingres.*

Toile mise sur panneau. Haut. 31 cent.; larg. 25 cent.

18 — **Bras de Pindare.** *Apothéose d'Homère.*

Signé *Ingres.*

Toile mise sur panneau. Haut. 19 cent.; larg. 35 cent.

19 — **Bras de Phidias.** *Apothéose d'Homère.*

Étude d'après nature.

Signée *Ingres.*

Toile. Haut. 24 cent.; larg. 49 cent.

20 — **Étude de mains** pour la figure de **Virgile** et autres études de mains. Cinq études. *Apothéose d'Homère.*

Signée *Ingres.*

Toile mise sur panneau. Haut. 33 cent; larg. 31 cent.

21 — **Étude pour les mains de Boileau** et autres études de mains. *Apothéose d'Homère.*

Signée *Ingres.*

Toile mise sur panneau. Haut. 33 cent.; larg. 37 cent.

22 — **Raphaël**, étude. **Bras et mains de Racine.** *Apothéose d'Homère.*

Signée *Ingres.*

Toile mise sur panneau. Haut. 38 cent.; larg. 28 cent.

23 — **Trois têtes a'etudes**, Aristote, Aristarque, et cinq études de mains. *Apothéose d'Homère.*

Signées *Ingres.*

Toile mise sur panneau. Haut. 22 cent.; larg. 27 cent.

24 — **Deux études de bras** pour la figure d'Apelles dans le tableau de l'*Apothéose d'Homère.*

Signées *Ingres.*

Toile. Haut. 45 cent.; larg. 30 cent.

25 — **Le Dante** offrant ses œuvres à Homère. *Apothéose d'Homére.*

Signé *Ingres.*

Toile mise sur panneau. Haut. 37 cent.; larg. 34 cent.

26 — **Pindare** offrant sa lyre à Homère. *Apothéose d'Homère.*

Signé *Ingres.*

Toile mise sur panneau. Haut. 35 cent.; larg. 29 cen

27 — **Deux études de têtes** pour l'*Apothéose d'Homère.*

Signées *Ingres.*

Toile mise sur panneau. Haut. 29 cent.; larg. 22 cent.

28 — **Phidias.** *Apothéose d'Homère.*

Signé *Ingres.*

Toile mise sur panneau. Haut. 32 cent.; larg. 35 cent.

29 — **Prêtre,** avec **Accessoires.** *Apothéose d'Homère.*

Signé *Ingres.*

Toile mise sur panneau. Haut. 38 cent.; larg. 28 cent.

30 — **Michel-Ange** avec mains. *Apothéose d'Homère.*

Signé *Ingres.*

Toile mise sur panneau. Haut. 23 cent.; larg. 22 cent.

31 — **Étude pour Eschyle.** *Apothéose d'Homère.*
Signée *Ingres.*

Toile mise sur panneau. Haut. 24 cent.; larg. 17 cent.

32 — **Étude pour un Ulysse.**
Signée *Ingres.*

Toile mise sur panneau. Haut. 24 cent.; larg. 19 cent.

33 — **Tête de Femme** de profil avec une draperie rouge.
Signée *Ingres.*

Toile mise sur panneau. Haut. 22 cent.; larg. 16 cent.

34 — **Tête de jeune fille** vue de trois quarts. Etude.
Signée *Ingres.*

Toile. Haut. 27 cent.; 21 cent. larg.

35 — **Étude d'homme** vu de profil, peinte à Rome en 1810.
Signée *Ingres.*

Toile. Haut. 35 cent.; larg. 26 cent.

DESSINS

36 — **Étude pour une figure de la Vierge**, les mains jointes.

Dessin à la mine de plomb.

Signé *Ingres.*

37 — **Étude de Vierge, les bras levés.** Première pensée pour *la Vierge à l'hostie.*

Dessin à la mine de plomb, mis au carreau.

Signé *Ingres.*

38 — **Étude de draperie pour un docteur** dans le tableau de *Jésus au milieu des docteurs.*

Dessin à la mine de plomb.

Signé *Ingres.*

39 — **Figure drapée.** Étude d'homme pour le tableau de *Jésus-Christ donnant les clefs à Saint Pierre.* Elle n'a pas été employée par le maître.

Dessin à la pierre noire.

Signé *Ingres.*

40 — **Étude d'après nature** pour la tête de saint Symphorien, dans le *Martyre de saint Symphorien.*

Dessin de toute beauté, au crayon noir, rehaussé de blanc.

Signé *Ingres.*

41 — **Un licteur,** puis une étude pour la tête vue par derrière et deux études de mains. *Martyre de saint Symphorien.*

Dessin à la pierre d'Italie.

Signé à l'encre : *Ingres.*

42 — **Figure drapée du licteur,** qui est à droite, dans le tableau du *Martyre de saint Symphorien.*

Dessin à la pierre d'Italie.

Signé *Ingres.*

43 — **Étude d'enfant nu,** debout, pour le même tableau et une seconde étude pour la **tête.**

Dessin à la pierre d'Italie.

Signé *Ingres.*

44 — **Étude drapée pour la figure de Saturne,** dans l'*Age d'or.*

Dessin à la mine de plomb.

Signé *Ingres.*

45 — **Étude d'homme et de femme nus,** debout, pour l'*Age d'or.*

Magnifique dessin à la mine de plomb.

Signé *Ingres.*

46 — **Étude d'homme nu,** le bras droit levé, pour l'*Age d'or.*

Dessin à la mine de plomb.

Signé *Ingres.*

47 — **Étude** de l'ensemble de la figure de la **Source.**

Dessin à la mine de plomb.

Signé *Ingres.*

48 — **Étude d'après nature** pour la tête de la **Source.**

Dessin à la mine de plomb, sur papier calque.

Signé *Ingres.*

49 — **Étude des pieds** de *la Source* et urne que tient la jeune fille.

Signée *Ingres.*

50 — **Deux études sur la même feuille,** pour l'*Odalisque* couchée et vue de face.

Signées *Ingres.*

51 — **Deux études pour la figure de la Gloire.** *Apothéose d'Homère.*

Dessins à la mine de plomb.

Signés *Ingres.*

52 — **Deux études pour la figure de l'Iliade,** l'une nue, l'autre drapée. *Apothéose d'Homère.*

Dessins à la mine de plomb.

Signés *Ingres.*

53 — **Étude nue pour la figure de l'Iliade.** *Apothéose d'Homère.*

Dessin au crayon noir.

Signé *Ingres.*

54 — **Deux figures pour l'Odyssée,** l'une nue, l'autre drapée. *Apothéose d'Homère.*

Dessins à la mine de plomb.

Signés *Ingres.*

55 — **Deux études de draperies pour l'Odyssée.** *Apothéose d'Homère.*
Dessins rehaussés de blanc.
Signés *Ingres.*

56 — **Étude pour les bras de l'Odyssée.** *Apothéose d'Homère.*
Dessin à la pierre noire, sur papier huilé.
Signé *Ingres.*

57 — **Étude pour Longin,** *Apothéose d'Homère.*
Dessin au crayon noir et à la mine de plomb.
Signé *Ingres.*

58 — **Deux dessins pour la figure de Virgile,** et étude de main pour la même figure. — **Étude** pour la tête et les mains d'Aristarque. *Apothéose d'Homère.*
Dessins à la mine de plomb.
Signés *Ingres.*

59 — **Trois études de draperie pour la figure de Virgile.** *Apothéose d'Homère.*
Dessins à la pierre d'Italie.
Signés *Ingres.*

60 — **Étude nue pour la figure d'Eschyle,** et deux études drapées pour la même figure. *Apothéose d'Homère.*
Dessin à la mine de plomb.
Signé *Ingres.*

61 — **Deux études pour la figure de Phidias,** l'une nue, l'autre drapée. *Apothéose d'Homère.*

Dessins à la mine de plomb.

Signés *Ingres.*

62 — **Étude nue pour la figure d'Alexandre,** étude pour la draperie de la même figure. *Apothéose d'Homère.*

Dessin à la mine de plomb.

Signé *Ingres.*

63 — **Deux études** l'une nue, l'autre drapée, **pour la figure de Pindare.** *Apothéose d'Homère.*

Dessins à la mine de plomb.

Signés *Ingres.*

64 — **Étude de draperie pour la figure de Molière.** *Apothéose d'Homère.*

Dessin à la pierre noire, rehaussé de blanc.

Signé *Ingres.*

65 — **Deux études de femme nue**, vue de face et vue de dos. Première pensée pour la *Stratonice.*

Dessins à la mine de plomb.

Signés *Ingres.*

66 — **Étude de draperie pour la figure de** *Stratonice*

Dessin à la pierre noire.

Signé *Ingres*.

67 — **Jeanne d'Arc.** Dessin à la plume.
Première pensée du tableau.
Signé *Ingres*.

68 — **La Fornarina : étude d'après nature**, pour le tableau de *Raphael et la Fornarina*.

Magnifique dessin à la mine de plomb.

Signé *Ingres*.

69 — **Mort de Léonard de Vinci.** Dessin de l'ensemble de la composition signé : *J. Ingres in et p^{xit}* 1813. *Ro.*

Signé *Ingres*.

70 — **Le duc d'Albe**. Étude au crayon noir (Il est vu de profil.)
Signée *Ingres*.

71 — **Étude de draperie pour la Vierge,** dans le *Vœu de Louis XIII*.

Dessin au crayon noir, rehaussé de blanc.

Signé *Ingres*.

72 — **Étude de draperie** pour un des anges qui environnent la Vierge, dans le *Vœu de Louis XIII*.
Signée *Ingres*.

La photographie de l'autre étude d'ange a été mise en pendant d'après la volonté expresse de M. Ingres.

73 — **Le Duc d'Albe à Sainte-Gudule**, à Bruxelles.— Le duc d'Albe, gouverneur des Pays-Bas pour le roi d'Espagne, reçoit de Pie V, après l'expulsion du prince d'Orange, l'épée et le chapeau enrichis d'or et de pierreries, destinés jusqu'alors seulement aux têtes couronnées, et bénis par le Saint Père dans la nuit de Noël.
Signé *J. Ingres*, 1815.

DESSINS

Des sept Villes conquises par Napoléon Ier

(PLAFOND DE L'HOTEL-DE-VILLE)

74 — **Rome.**

75 — **Vienne.**

76 — **Berlin.**

77 — **Madrid.**

78 — **Milan.**

79 — **Moscou.**

80 — **Le Caire.**

Dessins à la mine de plomb, pour les figures peintes dans les voussures du plafond du salon de l'Empereur, à l'Hôtel de ville de Paris. Ils sont signés *Ingres*.

81 — **Étude drapée pour la figure de la France,** dans le plafond de l'Hôtel-de-Ville. *Apothéose de Napoléon.*

Dessin à la pierre noire, rehaussé de blanc.
Signé *Ingres.*

82 — **Étude de jeune homme assis,** nu et dessinant.

Dessin à la mine de plomb.
Signé *Ingres.*

83 — **Femme nue couchée,** et Études de bras.

Dessin à la mine de plomb.
Signé *Ingres.*

84 — **Quatre études pour les mains** de M. le comte Molé, de Monseigneur le duc d'Orléans et de M. Bertin.

Dessins à la mine de plomb.
Signé *Ingres.*

85 — **Dessin pour le portrait de Charles X,** roi de France.

Dessin à la mine de plomb.
Signé *Ingres.*

86 — **Dessin** à la mine de plomb, **d'après un portrait de Henri VIII,** roi d'Angleterre, peint par Holbein.

Il est signé : *Holbein, pinxit, Ingres, del., Poma.*

87 — **Marie Tudor.**

Dessin à la mine de plomb, rehaussé d'aquarelle et passé à l'huile sur papier calque d'après une peinture d'Holbein, appartenant à M. le baron de Rothschild.

Signé *Ingres, copia.*

M. Ingres fit cette copie en 1861, lorsque le tableau se trouvait dans l'atelier de restauration de M. Haro.

AQUARELLES

88 — **Le Pape Pie VII priant dans l'église Saint-Pierre, à Rome.**

Aquarelle peinte à Rome en 1808.

Signée *Ingres.*

89 — **Vue intérieure de l'église de Sainte-Praxède à Rome.**

Aquarelle peinte à Rome en 1810.

Signée *Ingres.*

90 — **Fac-simile d'une Faïence italienne du XVe siècle**, représentant la *Nativité.*

Aquarelle peinte à Rome en 1810.

Signée : *Ingres, del., d'après une fayence du* xve *siècle.*

www.ingramcontent.com/pod-product-compliance
Ingram Content Group UK Ltd.
Pitfield, Milton Keynes, MK11 3LW, UK
UKHW020221180726
13838UKWH00005B/2124

9 782329 362779